H. EUGÈNE CARLU

ÉTUDES

SUR

LA RÉPUBLIQUE DÉMOCRATIQUE

ET MODÈLE

Analyse des ouvrages de Jules Barni,

Paul Janet, Kant, &ᵃ

MANTES

TYPOGRAPHIE ET LITHOGRAPHIE BEAUMONT FRÈRES

— 1884 —

LA

RÉPUBLIQUE DÉMOCRATIQUE

ET MORALE

H. EUGÈNE CARLU

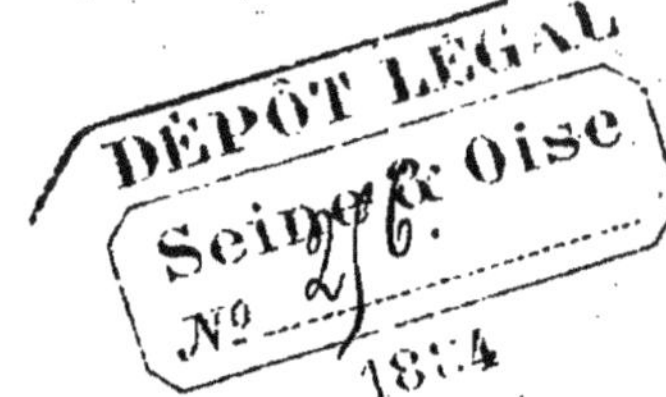

ÉTUDES

SUR

LA RÉPUBLIQUE DÉMOCRATIQUE

ET MORALE

Analyse des ouvrages de Jules Barni,

Paul Janet, Kant, &ᵃ

MANTES

TYPOGRAPHIE ET LITHOGRAPHIE BEAUMONT FRÈRES

— 1883 —

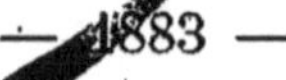

ÉTUDES

SUR

LA RÉPUBLIQUE DÉMOCRATIQUE

ET MORALE

CHAPITRE PREMIER

LA RÉPUBLIQUE ET LA DÉMOCRATIE. — LA DÉMOCRATIE ET LA MORALE

Il y a République et République : il y a la vraie République, qui est la République démocratique, et il y a la fausse ; il y a la bonne et il y a la mauvaise.

Il y a une soi-disant République qui n'est autre chose que la tyrannie de la foule, ne reconnaissant d'autre règle que son caprice, foulant aux pieds les lois et les droits les plus sacrés, et terrifiant la société par ses violences. Ce n'est point là, ce ne peut être là la République démocratique : c'est la démagogie.

Un gouvernement démocratique n'est pas le règne de la force brutale, c'est celui du droit commun.

Il y a une autre espèce de soi-disant République, c'est celle qui se livre à un maître, lui abandonne ou lui laisse prendre tous les pouvoirs, et se tient pour satisfaite dès que l'égalité règne au sein de la servitude. Ce n'est pas là non plus la République démocratique, quoiqu'on affecte souvent de l'appeler de ce nom, c'est la tyrannie, c'est le despotisme, c'est le césarisme.

La démocratie n'est pas l'égalité dans la servitude, mais la liberté dans l'égalité.

La démagogie et la tyrannie ne sont pas la démocratie, elles en sont les écueils. La démocratie ancienne y a souvent sombré, malgré les avertissements de ses sages, et d'éclatants exemples ont montré, il y a peu de temps encore, que la démocratie moderne n'est pas elle-même à l'abri de ces dangers.

La République moderne, ou pure démocratie (de là le titre de République démocratique), doit donc éviter les vices qui ont fait tomber les Républiques anciennes, si elle veut réaliser les progrès qu'annonce son avènement dans le monde moderne; mais elle ne pourra éviter ces vices et se montrer ce qu'elle doit être qu'à la condition de se donner pour base des mœurs conformes à ses vrais principes, c'est-à-dire, en un mot, de s'appuyer sur la *morale*.

Sans la morale, en effet, et sans les mœurs qu'elle exige, il n'y a pas de véritable et solide démocratie, et de là de République.

Mais, dira-t-on, qu'est-ce que la morale?

C'est, comme son nom même l'indique, la *règle des mœurs*, c'est-à-dire la loi ou l'ensemble des lois d'après lesquelles nous devons nous conduire pour bien agir, pour faire le bien.

Voyons quels sont les rapports de la morale avec une République démocratique, en un mot, avec la démocratie en général.

Dans la République démocratique, tous les hommes sont proclamés égaux, non sans doute de fortune ou de biens (c'est là une égalité impossible), mais de droits, de droits naturels d'abord, de droits civils et politiques ensuite ; et tous ces droits, ils doivent les posséder dans toute leur plénitude. D'où la formule : *la liberté dans l'égalité.*

Or, pour qu'une société d'hommes soit capable d'un tel état social, il faut que ses membres aient l'intelligence et le respect des droits inhérents à leur qualité d'hommes, c'est-à dire qu'ils aient la connaissance et l'amour de leurs devoirs sociaux, autrement la liberté dont ils jouissent dégénère en licence, l'égalité n'est bientôt plus qu'une commune servitude, et ainsi la société se heurte contre les écueils signalés plus haut, la démagogie ou l'anarchie et la tyrannie, ou tout au moins l'oppression de l'individu par l'État. La démocratie a donc sa condition dans la morale. En ce sens, on peut dire que le problème démocratique se résout dans le problème moral. Supposons un instant une société d'hommes ayant tous un parfait respect de leurs droits réciproques et observant tous leurs devoirs les uns à l'égard des autres : le problème serait résolu. Ce n'est là, sans doute, qu'un idéal que malheureusement l'infirmité humaine ne permettra jamais à aucune société de réaliser complètement; mais toutes doivent tendre à s'en rapprocher, et le moyen nécessaire pour cela, c'est la culture morale.

Il est vrai que le problème social est un problème complexe, et que d'autres éléments doivent intervenir aussi dans la constitution de la société démocratique : l'*élément économique*, dont la fonction est de pourvoir au bien-être des membres de la société, et l'*élément politique*, dont la fonction est de leur assurer l'ordre avec la liberté; mais chacun de ces éléments, quoique ayant sa fonction propre, est si étroitement lié à l'élément moral, qu'il ne peut rien sans lui et qu'il a besoin de s'appuyer sur lui pour n'être pas impuissant. En effet, quelle que soit l'excellence des moyens économiques, le bien-être lui-même ne sera jamais assuré, et tous les efforts faits par les économistes seront perdus, s'ils n'ont pas affaire à des hommes ayant le respect d'eux-mêmes et l'habitude de leurs devoirs envers leur famille ou envers la société, mais à des individus débauchés, ivrognes, paresseux, imprévoyants, égoïstes, indifférents à tous leurs devoirs. Il faut donc que la morale vienne en aide à l'économie politique. Les institutions dont celle-ci veut doter la démocratie ne peuvent prospérer qu'à la condition de trouver un appui dans les bonnes mœurs. De là encore la nécessité de la culture morale.

La morale est plus évidemment encore l'indispensable soutien de la politique, surtout de la politique démocratique.

Que serait un État, si bien réglée qu'en fût la Constitution, où les citoyens manqueraient de tout respect pour leurs droits réciproques et n'auraient à cet égard aucun souci de leurs devoirs? Dans un pareil État, les lois ne seraient pas observées, ou elles le seraient par l'effet de la contrainte, ou plutôt elles ne le seraient pas. Rappelons-nous ces paroles de Socrate : « Les États ne » sauraient être heureux si la vertu n'y est pas. » Cette vérité s'applique plus particulièrement aux États démocratiques, où tous les citoyens sont appelés à participer, directement ou indirectement, aux affaires publiques, à la confection des lois, au gouvernement, à l'administration de la justice. C'est là surtout qu'il importe que le sentiment et le respect du droit forment les mœurs publiques ; autrement, qu'arrivera-t-il ? Ou le déchaînement de la démagogie, c'est-à-dire de la force brutale, ou au moins l'oppression de la minorité par la majorité, ou, dans le gouvernement lui-même, l'anarchie et bientôt le despotisme. Les institutions démocratiques ont sans doute par elles-mêmes une vertu moralisatrice ; elles développent dans l'homme le sentiment de sa dignité, en faisant de lui une personne au lieu d'une chose, un citoyen au lieu d'un sujet ; elles développent aussi en lui l'esprit public, que le despotisme a pour effet d'étouffer ; mais encore faut-il que ces institutions soient elles-mêmes soutenues par les mœurs de ceux auxquels elles s'appliquent.

Comment la liberté se maintiendra-t-elle dans l'égalité, et comment l'égalité elle-même subsistera-t-elle, si le respect de la liberté, et ensemble celui de l'égalité, c'est-à-dire le respect du droit commun, n'est pas la vertu des citoyens ? Montesquieu a dit avec raison : « La vertu est le principe du gouvernement démocra- » tique, comme la crainte est celui du gouvernement » despotique. »

Ainsi, par quelque côté qu'on envisage la question, on arrive à ce résultat que pour élever un gouverne- ment démocratique qui ne soit ni la démagogie, ni l'anarchie, ni la tyrannie, ni, en un mot, aucune espèce de despotisme, il faut construire sur un terrain moral ; et cela ne l'oublions jamais, car il y va du salut de la République démocratique, c'est-à-dire de l'avenir de la société moderne.

CHAPITRE II

LA MORALE INDIVIDUELLE. — LA MORALE DANS LA FAMILLE

Par la raison, l'homme est capable de s'élever à l'idée du bien, du bien moral, du devoir, par conséquent, il devient ainsi un être moral.

En même temps, il se reconnaît capable de maîtriser ses passions, de régler ses mœurs, de gouverner sa conduite conformément à ce devoir, à ce bien, que sa raison lui fait concevoir, ce second attribut achève d'en faire un être moral ou capable de moralité.

Ce sont là les traits distinctifs de la nature humaine. C'est par là que l'homme s'élève véritablement au-dessus de l'animal, qu'il se distingue radicalement du singe, quelques ressemblances anatomtques qu'il y ait d'ailleurs entre le visage et lui et qu'il forme réellement un être à part.

En général tous les devoirs de la morale individuelle, toutes les vertus qu'on y doit distinguer, peuvent se ramener à deux points principaux :

Le respect de la dignité humaine en sa personne.

Le perfectionnement moral de soi-même.

Se respecter soi-même, c'est maintenir en soi la dignité humaine; c'est par conséquent, ne pas se laisser dominer par ses appétits inférieurs; de là cette vertu que les anciens désignèrent sous le nom de *tempérance*, qui n'exclut pas la jouissance des plaisirs physiques qui ne la condamne pas comme un péché, mais qui la met à sa place et la renferme dans de justes bornes. En effet : que de vices cette vertu n'a-t-elle pas à combattre : la gourmandise, l'ivrognarie, l'impudicité, l'avarice, la parcsse, etc. Mais c'est surtout l'ivrognerie qui est la grande plaie de nos sociétés, parce qu'ici les moyens de jouissances sont à la portée de tout le monde et que ce vice a un attrait particulier pour les classes les moins heureuses, c'est-à-dire les plus nombreuses. L'homme à qui la vie est dure cherche volontiers dans la boisson l'oubli de ses peines; msis il y puise aussi l'abrutissement : il néglige pour le cabaret sa femme, ses enfants, ses parents, mauvais mari, mauvais père, mauvais fils, comment ne serait-il pas aussi manvais citoyen? Il ne sait même pas ce que ce titre exige de lui.

Le respect de soi-même communiqué à l'homme, non l'orgueil, qui est aussi un vice, mais une légitime fierté, qui n'exclut pas la modestie, mais qui repousse la bassesse, et qui, en rendant les hommes plus dignes, place la démocratie au-dessus des atteintes du despotisme.

Travailler au perfectionnement moral de soi-même, veiller sans cesse sur soi-même, chercher à se bien rendre compte de tous ses mobiles, s'appliquer à les élever et à les purifier toujours d'avantage, ne jamais croire que nous avons atteint la perfection qui reste perpétuellement pour nous un idéal, mais travailler toujours à se rendre meilleurs, voilà un de nos grands devoirs.

Développer toujours de plus en plus en soi-même la dignité de la nature humaine, voilà le premier point de la démocratie. Ainsi se formera le *caractére*, sans lequel l'homme n'est plus que le jouet de ses passions et tourne à tous les vents, et sans lequel la démocrrtie à son tour devient la proie de tous les vices qui dominent l'individu. Ainsi sera assuré le règne de la liberté.

Sachons-le; celui qui respecte en lui-même la dignité humaine la respecte aussi chez les autres : il n'attente donc point à leur liberté, de même qu'il ne leur permet pas d'attenter à la sienne; et, honorant en eux comme en lui-le titre d'homme, il ne s'arroge sur eux aucun privilège contraire aux droits de l'humanité, à cette égalité, par conséquent, qui est, avec la liberté, le principe vital de la République démocratique.

Nous avons vu ce que la morale exige de l'individu, et combien les vertus qu'elle attend de lui importent à la démocratie, combien au contraire les vices opposés à ces vertus sont particulièrement funestes à cette forme de société. Si maintenant au lieu de considérer la morale dans l'individu nous l'envisageons dans la famille, elle nous apparaîtra d'une manière encore plus éclatante comme le fondement nécessaire d'une saine et solide République. D'ailleurs, les vertus mêmes si nécessaires à une démocratie, c'est à la famille qu'il appartient avant tout de les inculquer dans l'individu ; elles ne peuvent guère se former que par son action, elle en doit être la première école. Cicéron dans son *Traité des Devoirs* où il a résumé avec tant d'éloquence tout le travail de la morale antique, appelle la famille le principe de la cité et la pépinière de la République ; c'est elle, en effet, qui forme le premier et le plus étroit lien de toute société humaine et l'on peut affirmer que du respect de ce lien et des obligations qu'il impose dépend le bien de la cité démocratique et de l'humanité tout entière. Or, la famille elle-même a son principe dans le mariage, elle n'existe que par lui.

L'homme et la femme ont besoin l'un de l'autre pour se compléter et se reproduire. De là l'attrait qui les entraîne l'un vers l'autre. Cet attrait est tout ensemble physique et moral, c'est-à-dire qu'il dérive à la fois du besoin des sens et de la sympathie des cœurs. Tel est le double fil dont est tissé ce sentiment complexe qu'on appelle l'amour ; la recherche exclusive du plaisir en dehors de l'amour est toujours pour l'homme et pour la femme une dégradation ; aussi la langue flétrit-elle sous le nom de libertinage ce rapprochement des sexes formé uniquement en vue du plaisir des sens et qui se dissipe avec lui. Le mariage a un double but, ramener l'union de l'homme et de la femme à la règle morale, et assurer aux enfants les soins auxquels ils ont droit. Aussi le mariage accompagne-t-il toujours le premier pas de l'humanité vers la civilisation.

L'établissement de ce lien est en effet le signe de l'élévation des hommes aux idées morales. Le relâchement ou le mépris du lien conjugal est au contraire l'accompagnement et la marque de la décadence des sociétés. On peut mesurer l'état moral et présager l'avenir d'un peuple par le cas qu'il fait du mariage.

Mais il s'en faut de beaucoup que le lien du mariage soit dans nos sociétés modernes, aussi honoré qu'il devrait l'être. Les causes en sont nombreuses.

Une première cause, c'est la dépravation même qui résulte de la misère. Le défaut de culture morale qui est la conséquence de ce fléau, et cette autre conséquence déplorable, la promiscuité qu'entraîne l'exiguité du logement (une seule chambre souvent pour toute une famille), chassent la pudeur et accoutument à regarder les rapports sexuels comme chose moralement indifférente.

La fille se donne ensuite sans scrupule au compagnon qui lui plaît, ou se vend sans honte à l'homme qui veut la payer.

C'est encore, chez les femmes, l'amour de la parure ou du luxe, non réglé par le principe moral. Combien de filles se sont perdues par là.

Mais s'il y a des filles qui se vendent, c'est qu'il y a des hommes pour les acheter; et si la misère est une cause de dépravation, la richesse en est une aussi, quand elle n'est pas relevée par des principes moraux, car elle donne aux hommes les moyens de satisfaire tous leurs caprices. Combien de fils de famille au lieu de profiter de leur fortune d'une façon honorable, l'emploient presque entièrement à payer les charmes de viles créatures, et à la place du bien qu'ils pourraient faire, encouragent et entretiennent l'immoralité!

La même loi morale qui exige que l'homme et la femme élèvent leur liaison à la dignité du mariage, exige aussi que cette union une fois contractée, soit respectée par eux-mêmes comme une chose sacrée. Ce respect réciproque du lien conjugal est l'essence même du mariage, et le devoir est le même de part et d'autre. Les conséquences de l'adultère peuvent être plus graves chez la femme, mais, ce ne sont pas seulement les conséquences possibles d'un acte qui en font la faute. Il faut que le mari puisse compter sur la fidélité de sa femme, mais il faut aussi que la femme puisse compter sur la fidélité de son mari.

La fidélité réciproque est donc la loi même du mariage, d'où vient que cette loi est si souvent violée?

Une des principales causes réside dans la manière même dont se font les mariages, les considérations de rang et de fortune dominent tout; la *dot* et ce que l'on appelle si odieusement les *espérances*, passent avant les considérations morales. L'argent est mis en première ligne; le reste, c'est-à-dire l'*essentiel;* l'esprit, le cœur en un mot, tout ce qui peut exciter et entretenir l'amour et assurer le bonheur dans le mariage, tout cela est regardé comme chose accessoire et volontiers sacrifié; c'est là l'un des fléaux de notre époque et un des plus grands dangers qui menacent la démocratie moderne.

Rappelons-le de nouveau, l'avenir de la République démocratique est attaché à la sainteté du lien conjugal et au respect des lois du mariage. C'est donc là que nous devons porter nos efforts, et pour cela il y a deux moyens qu'il convient surtout à une société démocratique d'employer : l'un indirect, qui consiste à travailler autant que possible à l'amélioration physique du sort de la femme, en cherchant à l'arracher à la misère, à la retenir à la maison, à lui confier toutes les fonctions auxquelles elle est propre; l'autre, direct qui réside dans la culture morale, laquelle relèvera à la fois l'homme et la femme et les rendra capables de comprendre et de pratiquer dans toute son étendue la vertu conjugale.

CHAPITRE III

LES TRAVAILLEURS DANS LA DÉMOCRATIE

Après avoir examiné les devoirs de l'homme envers lui-même et à l'égard de sa famille dans leur rapport avec la démocratie, il faut maintenant le replacer dans la société générale dont il fait partie, pour montrer quels sont les devoirs qui dérivent pour lui de ce nouveau lien.

Parmi les relations qui réunissent particulièrement les hommes dans le sein de la société générale, il y a d'abord celles qu'établit entre eux la nécessité du travail, qui est la loi de l'humanité sur cette terre. Ces relations sont celles que le travail détermine entre les hommes; soit comme ouvriers, soit comme patrons, soit en général comme travailleurs.

Il s'agit donc d'étudier quels sont les devoirs et les vertus qui doivent présider à ces rapports, et les vices qu'il en faut écarter, ou quelles sont les mœurs que la morale réclame soit des ouvriers, soit des patrons, soit en général des travailleurs, toujours en envisageant ces mœurs dans leur relation avec la démocratie.

Le premier devoir pour un gouvernement démocratique c'est de travailler à restaurer la famille chez les ouvriers.

La famille est en effet essentiellement salutaire : non-seulement elle est pour l'enfant une école de morale indispensable, mais elle développe dans l'homme le sentiment du devoir en donnant à sa vie un objet différent de lui-même, qu'il s'identifie; par là aussi elle le

2.

sauve de l'ennui des vagues tristesses, du désespoir, et même elle répand sur son existence un charme qu'aucun autre ne saurait remplacer. Aussi, la famille est-elle bonne pour tout le monde, mais elle l'est particulièrement pour les classes ouvrières, car elle contribue à développer dans l'ouvrier les qualités dont il a surtout besoin :

D'abord l'*amour du travail*.

Celui qui ne travaille pas seulement pour lui-même, mais pour une compagne et des enfants, ou pour venir en aide à de vieux parents, celui-là travaille avec plus d'ardeur et de profits. La paresse peut entrer dans le logis d'un célibataire, elle n'entrera jamais dans celui d'un bon père et d'un bon mari ou d'un bon fils.

Il en sera de même de l'ivrognerie et de la prodigalité; ces vices si funestes à l'ouvrier, l'amour de la famille est surtout propre à les chasser pour mettre à leur place la tempérance et l'économie. C'est un puissant stimulant à la sobriété et à l'épargne que le souci d'un avenir qui n'est pas seulement le sien propre, mais celui de sa femme et de ses enfants.

Ainsi l'ouvrier se sentira plus encouragé à faire ce qu'il doit faire, c'est-à-dire épargner quelque chose de son salaire, si mince qu'il soit, afin de pouvoir, soit au moyen des *Caisses d'épargne*, soit à l'aide des *Sociétés de Secours-Mutuels* ou de toute autre institution de prévoyance, soit enfin par l'action des *Sociétés coopératives*, se mettre à l'abri et en même temps préserver sa famille des funestes effets du chômage, de la maladie et de la vieillesse, ces trois fléaux du travailleur.

Or, pour cela que faut-il? Deux choses : l'*énergie individuelle*, qui est la première condition de toute œuvre prospère, et l'*association* qui, centuplant les forces individuelles, leur rend possible ce qu'elles ne pourraient pas par elles seules et enfante des miracles.

L'esprit d'association réuni à l'énergie individuelle, voilà le grand principe qui doit servir de levier.

Que les ouvriers s'associent donc, en vertu de leur libre initiative, soit pour s'assurer des secours en cas de malheurs, soit pour se procurer les moyens de travailler individuellement pour leur propre compte, soit enfin pour exploiter collectivement une industrie.

Un grand progrès en ce sens s'est fait et se poursuit en Belgique, en Italie, en France même. Que ce progrès se propage, qu'il pénètre de plus en plus dans les classes ouvrières, qu'il y gagne jusqu'aux couches les plus profondes ; alors ce que l'on nomme le *problème social*, ce problème qui a égaré tant de généreux esprits et causé tant de folles terreurs, sera enfin résolu, et la démocratie n'aura plus à craindre les entreprises du despotisme, elle pourra élever sûrement son édifice sur la base de la liberté politique.

Mais pour que ce progrès lui-même, qui n'est pas seulement un progrès politique, ni un progrès économique, mais un progrès moral, puisse se réaliser, une autre condition fondamentale : la *diffusion de l'instruction populaire*.

Il ne suffit pas d'introduire le bien-être dans l'habitation du travailleur ; il y faut faire pénétrer aussi la science par le moyen de l'instruction donnée aux enfants des deux sexes, et continuée aux adultes. En consacrant une grande partie de son budget à l'instruction de ses enfants, la République ne croit pas trop faire, et elle a raison : on ne peut jamais trop pour l'instruction du peuple. Qu'elle persiste dans cette voie, qu'elle l'élargisse même encore, et que cet exemple soit suivi par tous les peuples qui aspirent à fonder une libre démocratie. Que partout à côté de la demeure de l'ouvrier, s'élèvent soit aux frais de la commune, soit à ceux de l'État, soit à ceux des particuliers, des écoles populaires, des salles de cours ou de lectures publiques, et à côté de ces écoles et de ces salles, des *bibliothèques populaires*, où l'enfant et le travailleur lui-même, acquierre ou développe les connaissances nécessaires à l'homme ; en première ligne, celle de ses devoirs et de ses droits, celle, par conséquent des lois morales qui doivent régler tous les rapports sociaux, et celle aussi des lois économiques de la société. En dehors de là qu'attendre des ouvriers, sinon une indifférence stupide, ou la violence et la révolte? Par là, au contraire, ils acquerront le désir et le moyen de travailler eux-mêmes, sans désordre, à leur propre amélioration.

Trop longtemps on a laissé croupir l'humanité dans l'ignorance et les préjugés; chassons l'ignorance, dissipons les préjugés, tous les préjugés, les préjugés religieux surtout — non pas l'esprit religieux qui relève la nature humaine et la soutient, mais les préjugés d'Eglise qui l'oppriment et la déchirent, et qui, après avoir produit tant de persécutions et de guerres, sont encore aujourd'hui un si grand obstacle au progrès dans presque toute l'Europe. — Les préjugés politiques qui entravent le libre essor des individus et des peuples, les préjugés économiques qui les égarent en des voies funestes; dissipons tous ces préjugés, nous rendrons l'homme à lui-même, et nous assurerons l'avenir de la République démocratique.

CHAPITRE IV

LA MORALE PUBLIQUE. — L'ÉTAT. — LES DEVOIRS
DU CITOYEN

Après avoir montré dans la morale privée les pre-
mières bases de la démocratie, il faut, en appliquant
directement la morale à la politique, montrer dans la
morale publique, c'est-à-dire dans l'ensemble des devoirs et des vertus que la morale nous prescrit par rapport à cette forme nécessaire de la société humaine
qu'on appelle la société civile ou politique, ou d'un seul
mot l'*Etat*, les conditions essentielles de toute vraie et
solide démocratie.

Chaque homme, par cela seul qu'il est une libre personne, a le droit d'user librement de toutes ses facultés,
à la condition de ne pas porter atteinte à la même
liberté chez les autres hommes. Ce droit primordial, qui
se décompose en droit de penser, de parler, d'écrire, ou
celui de travailler librement, sont des droits naturels
inhérents à notre libre personnalité. De plus, en exer-
çant ces droits naturels, chaque homme peut en acquérir
d'autres, comme le droit de propriété, par exemple, qui,
dérivant des premiers, sont respectables au même titre.
C'est dans le respect réciproque de tous ces droits naturels ou acquis que consiste la justice, au sens strict de
ce mot.

Mais que deviendraient ces droits, et par conséquent
la justice, en l'absence de toute garantie commune?
Ils seraient à la merci de la violence. Les conflits, qu'ils

ne manqueraient pas de susciter, dégénéreraient infailli-
blement en luttes où triompherait la force, non la justice; et les convoitises qu'ils exciteraient se donneraient
toute carrière dès qu'elles auraient cette force brutale à
leur disposition; le plus faible deviendrait ainsi la proie
du plus fort.

Or, la société civile ou politique, qui a formé ce que
nous appelons l'Etat, a précisément pour but de faire
cesser ou d'empêcher ce désordre en garantissant, au
moyen d'une force commune ou d'une puissance publique agissant d'après des lois générales, les droits de
chacun contre toute violence, soit au dedans, soit au
dehors.

L'Etat étant une association, un ensemble de pouvoirs
publics destiné à garantir les droits naturels ou acquis
de chacun : la sûreté personnelle, la liberté, la propriété, etc., il ne peut appartenir à un maître qui en
dispose à son gré. Ce n'est que par un monstrueux abus
de la puissance publique que Louis XIV est arrivé à
dire : « L'Etat, c'est moi. »

Si l'Etat ne doit pas appartenir à un homme, il ne doit
pas davantage appartenir à une classe d'hommes privi-
légiés, à une caste s'attribuant exclusivement la souveraineté et tenant sous sa dépendance tous les autres
membres de la société. Il faut donc écarter cette forme
politique, l'aristocratie, qui divise l'Etat en deux parties
dont l'une, dominante, forme un corps à part, la noblesse, et l'autre comprend tout le reste de la nation, le
peuple. Ces deux formes politiques sont contraires aux
droits inaliénables et imprescriptibles de la personnalité
humaine, que l'Etat a précisément pour but de garantir.

L'Etat doit être une association destinée à garantir
les droits naturels ou acquis de chacun. Il doit em-
brasser toute la nation, sans distinction de rang ni de
privilèges, et attribuer au peuple entier la souveraineté

réservée au monarque ou à la noblesse. Il doit donc être, en ce sens, démocratique.

Il faut que dans cet Etat chacun puisse se diriger soi-même avec une pleine indépendance, développer toutes ses facultés sans aucune entrave, jouir sans obstacle du fruit de son travail, et que, comme chacun se gouverne soi-même en toute liberté, les pouvoirs publics, auxquels tous sont appelés à concourir d'une manière ou d'une autre, représentent véritablement le gouvernement de la nation par elle-même. *Voilà la vraie République démocratique.*

Mais pour que ces institutions puissent s'établir et durer, il faut que les membres de la société politique, outre les vertus individuelles et sociales dont il a été parlé plus haut, sachent aussi pratiquer certaines vertus publiques que nous allons tâcher de décrire aussi brièvement et aussi clairement que possible.

La première vertu du citoyen est le respect de la liberté de ses concitoyens. Il ne suffit pas d'être jaloux de sa propre liberté, il faut aussi respecter et aimer celle des autres. Mais si les vrais citoyens doivent se garder soignensement d'attaquer la liberté d'autrui, ils ne sauront pas moins résister au despotisme. C'est en effet un devoir du citoyen que de repousser l'oppression par tous les moyens légaux dont on peut disposer.

L'accomplissement de ce devoir exige une vertu malheureusement trop rare parmi les citoyens, au moins dans certains pays, et sans laquelle la liberté n'est jamais assurée chez un peuple : c'est le courage civique.

On a quelquefois comparé le courage militaire et le courage civique. Il s'en faut que le premier soit toujours à la hauteur du second. Combien n'a-t-on pas vu d'officiers, intrépides devant la mort, sur les champs de bataille, se courber lâchement sous le joug du despotisme, et du rang de héros retomber à celui de plats

·courtisans! D'où vient ce contraste? C'est que le courage civique suppose à la fois une élévation d'esprit et une fermeté de caractère que ne demande pas nécessairement le courage militaire. Aussi est-il plus rare. Il est aussi plus précieux. Le courage militaire peut faire un peuple conquérant; le courage civique fait les peuples libres.

Une autre vertu non moins essentielle au vrai citoyen de la démocratie, est celle qui regarde l'égalité. Tel est le caractère de la démocratie que tous les membres de l'association à moins d'une déchéance méritée y sont également citoyens, et par conséquent y jouissent des mêmes droits civils et politiques. En établissant cette égalité, la démocratie ne réalise pas seulement ce qu'exige le titre de citoyen, mais celui d'homme; car l'égalité humaine n'est pas respectée là où certaines classes, où certains individus jouissent de droits civils et politiques dont les autres sont exclus, et où les membres de ces classes privilégiées traitent les autres comme des inférieurs, des subordonnés. Mais cela ne suffit pas encore. Il faut aussi que le respect de cette égalité entre les citoyens, respect qui lui-même se fonde sur celui de la dignité humaine, pénètre dans les mœurs; il faut qu'il fasse en quelque sorte corps avec la démocratie.

Malheureusement, il n'est pas rare de voir des hommes qui se donnent pour démocrates se conduire dans la pratique en vrais aristocrates, traiter avec un orgueil dédaigneux et insultant ceux de leurs concitoyens qui sont déshérités de la fortune, et rétablir ainsi par leurs façons d'agir, la distance que la constitution politique a voulu combler. Celui qui est attaché de cœur aux idées démocratiques ne tombera pas dans cette contradiction. il montrera par toute sa conduite qu'il a le respect de la dignité de l'homme et du citoyen.

Le respect de la liberté et celui de l'égalité ont leur

principe dans le respect du droit ou de la justice; mais comme le règne de la justice ou du droit ne peut être assuré parmi les hommes que par celui des lois positives, de là aussi pour le citoyen la nécessité de cultiver cette vertu qui consiste dans le respect de la légalité.

Les lois pour se faire obéir, sont forcées de s'appuyer sur certaines sanctions pénales : c'est là une nécessité à laquelle, dans l'état présent de l'humanité, aucune société politique ne peut se soustraire; le vrai citoyen doit donc leur obéir par respect pour le droit dont elles sont la représentation et la sauvegarde. C'est le devoir du citoyen de respecter les lois établies, sauf à travailler au besoin à les réformer, parce que c'est l'autorité des lois qui distingue de l'état de nature l'état civil, et que le mépris des lois tend à faire retomber les hommes de l'état civil dans l'état de nature, où triomphent nécessairement l'arbitraire et la violence.

Le respect des magistrats institués pour veiller à l'exécution des lois est aussi le devoir des citoyens de toute saine démocratie, non pas que nous prétendions les ériger en personnages sacrés dont il ne serait pas même permis de discuter les actes; il faut au contraire que l'on puisse examiner en toute liberté leurs actes publics, mais il faut aussi que tout en discutant librement ces actes, on respecte la dignité qu'ils tiennent de leurs concitoyens; car, sans ce respect, comme sans celui des lois, la démocratie tourne à l'anarchie, et nous savons malheureusement trop où conduit l'anarchie.

Une autre vertu civique, qui joue aussi un grand rôle dans la démocratie, c'est le *patriotisme.*

Il est vrai que le patriotisme, pour être vraiment une vertu morale, a besoin d'être réglé par le sentiment de la justice et celui de l'humanité : car il est volontiers étroit, jaloux, exclusif, injuste, barbare. Il est alors un vice plutôt qu'une vertu. Rappelons à ce sujet, ce passage du portrait de Montesquieu peint par lui-même, qui représente si justement la hiérarchie de nos devoirs envers la famille, la patrie et l'humanité : « Si je savais quelque chose qui me fût utile et qui fût préjudiciable à ma famille, je le rejetterais de mon esprit ; si je savais quelque chose qui fût utile à ma famille et qui ne le fût pas à ma patrie, je chercherais à l'oublier. Si je savais quelque chose d'utile à ma patrie et qui fût préjudiciable à l'Europe et au genre humain, je le regarderais comme un crime. » Ainsi réglé, le patriotisme est une noble et salutaire vertu.

CHAPITRE V

LES DEVOIRS DU GOUVERNEMENT

La société civile ou politique implique un certain ensemble de pouvoirs publics chargés de procéder à la confection des lois, de veiller à leur exécution et de juger d'après ces lois, soit les infractions faites à leurs défenses, soit les différends qui peuvent s'élever entre les citoyens. Faire les lois, les exécuter, juger en leur nom les procès, telle est en effet la triple fonction de la puissance publique instituée par la société civile.

On donne le nom de *gouvernement* à l'ensemble de ces pouvoirs; il est alors synonyme de puissance publique ou de ce qu'on appelle spécialement l'*État*.

Pour déterminer les devoirs qui incombent au gouvernement, il faut bien se rappeler la mission pour laquelle il est institué. Cette mission a pour but principal d'assurer le respect des droits de chacun et de faire régner ainsi la justice entre tous.

Le premier devoir du gouvernement est donc de respecter et de faire respecter tous les droits naturels, innés ou acquis de tous les citoyens et de ne se servir du pouvoir qui lui a été dévolu que pour assurer le respect de ces droits.

Le premier droit de l'homme est de disposer librement de ses facultés physiques, et par conséquent d'être respecté dans sa liberté corporelle. Entraver cette liberté, c'est attenter à un droit primitif qui est lui-même la condition de l'exercice de tous les autres,

Le devoir du gouvernement est donc de garantir ce droit contre tout attentat de ce genre, et d'assurer ainsi à chacun sa sûreté personnelle.

L'inviolabilité du domicile est une conséquence du droit de la liberté de la personne. Le secret des lettres est encore une suite du même droit. Il est bon de rappeler ici ces deux droits du citoyen, que tout gouvernement démocratique doit surtout faire respecter, car nous savons avec quel arbitraire se pratiquent sous certains régimes les visites domiciliaires, et nous avons tous entendu parler de ce fameux *cabinet noir,* institué par l'ancien régime pour surprendre le secret des lettres.

Le gouvernement doit aussi reconnaître et faire respecter le droit de propriété, car en fait nous voyons que le respect de la propriété individuelle est à la fois le signe de la liberté et de la prospérité des États. Autant les gouvernements despotiques font bon marché de cette propriété (on se rappelle à cet égard la théorie de Louis XIV), autant les gouvernements libres la respectent et la favorisent; et par une conséquence nécessaire, autant sous les premiers la société languit et végète, autant elle fleurit et prospère sous les seconds.

Le droit de propriété implique celui de transmettre et de léguer ses biens sans autre restriction que celle de la justice et des légitimes intérêts de la famille. Ce n'est point là un droit purement civil, mais un droit naturel, bien que, comme le droit de propriété lui-même, il ne puisse se passer de la garantie de l'État; ce dernier a donc aussi le devoir de le respecter.

Il y a aussi un droit qui tient encore plus essentiellement à la personne humaine que celui de propriété, parce qu'il est inhérent à la personne même, et qu'à ce titre il est absolu, imprescriptible, inviolable, c'est la *liberté de penser* (en matières religieuses), la *liberté de conscience.*

S'il y a un droit évident, sacré, inviolable, c'est assurément celui-là. La liberté de penser implique la liberté d'exprimer et de répandre sa pensée, soit par la parole, soit de toute autre manière; elle demande, par conséquent, la *liberté de la presse*, la presse n'étant autre chose qu'une manière d'exprimer et de propager nos opinions. La presse, c'est la pensée imprimée et publiée par le moyen de l'impression. C'est encore une liberté naturelle comme celle de penser, une liberté qui dérive du droit primitif de notre nature et non d'une permission de la loi ou du gouvernement.

Sans doute la liberté de la presse peut, comme toute autre, dégénérer en licence et engendrer ainsi des actes punissables. La presse ne doit pas, dans tous les cas, rester impunie, car on peut s'en servir comme de tout autre moyen pour commettre certains délits, tels que calomnier les citoyens, outrager les magistrats, faire appel à la révolte. Ils doivent donc être réprimés par la loi; mais il ne faut pas que, sous prétexte de les réprimer, on attente à la liberté elle-même.

Il y a encore une vérité qui dérive du même principe, du droit de penser et de communiquer sa pensée, c'est la *liberté d'enseignement*. Chaque citoyen a naturellement le droit d'enseigner à qui il lui plaît, ce qui lui plaît et comme il lui plaît. Il n'y a qu'une chose à cet égard qui puisse tomber sous l'action de la loi, c'est l'*immortalité*.

On craint avec raison l'enseignement clérical. Opposons-lui, outre la liberté de concurrence, un bon enseignement public; il n'y a pas un meilleur moyen de repousser le danger.

Un des grands devoirs d'un gouvernement démocratique est surtout d'encourager, de développer, d'étendre l'instruction.

En effet, un homme n'est digne de ce nom et ne

mérite celui de citoyen que grâce à l'instruction, qui l'arrache aux ténèbres de l'ignorance et ouvre son esprit à la lumière. L'instruction développe l'intelligence et est la première de toutes les vertus. L'ignorance est, au contraire, avec la misère, la principale cause des vices et de tous les désordres qui troublent la société; comme la misère, elle est mauvaise conseillère. De là donc l'indispensable nécessité d'une certaine instruction.

Cette nécessité se fait surtout sentir dans les démocraties, où tous les membres de la société sont appelés à prendre part, directement ou indirectement, aux affaires publiques. *Le suffrage universel demande l'instruction universelle.*

Tels sont les principaux devoirs du gouvernement. En les remplissant, c'est-à-dire en assurant le respect de tous les droits, de toutes les libertés qui en découlent et de toutes les garanties politiques qui leur sont nécessaires et en travaillant, sous cette condition à la prospérité de l'association, il satisfait à la morale, autant qu'il est en lui sans empiéter sur un domaine qui ne lui appartient pas, le domaine du for intérieur et de la vie privée. Ainsi, il ne sacrifie pas la morale à la politique, et il n'usurpe pas le domaine propre de la morale privée ou de la conscience.

TABLE

www.ingramcontent.com/pod-product-compliance
Lightning Source LLC
Chambersburg PA
CBHW051350060726
47596CB00005B/1858